はじめに

　普段うつわのギャラリーを営んでいる身として、「作家のうつわをもっと気軽に楽しんでいただきたい」「うつわを通して日々の食卓をより豊かなものにしていただきたい」という思いを常に抱いています。前著『選ぶ。そろえる。合わせる。うつわ使いがもっと楽しくなる本。』では、その思いを一人でも多くの方に届けたく、うつわ入門者にもわかりやすく、うつわの選び方や組み合わせ方の基本、セオリーなどを中心に紹介しました。

　その続編となる本書では、テーマの一つとして「一器多用」を据えました。ファッション雑誌などでよく目にする「一週間の着回しコーディネート術」的な企画に着想を得て、一つのうつわをいろいろな料理、さまざまなシーンで使い回すことを提案しています。予算や収納スペースに不安がある方でも、きっとうつわを楽しめることでしょう。

　このほかにも、良い例と悪い例がひと目でわかるうつわ使いのポイント解説、料理の種類に合わせた自由なうつわの選び方、そして今を時めく個性豊かなうつわ作家たちの作品紹介など、さまざまな角度からうつわの魅力をお伝えしています。

　今回うつわに盛り付けた料理のほとんどは、私自身の手による日々の食卓に並ぶおうちごはんです。すてきなうつわを選び、組み合わせや使い方にちょっと気を配ることで、普段の家庭料理も見違えるようになる好例として見ていただければ幸いです。

　本書が、みなさんの日常の食卓を彩り、食事どきがときめく時間になることの一助になることを願っております。

　最後に。本書の制作にあたり快くご協力いただいた作家の方々、温かいエールを送ってくださったお客様方、最後までサポートしていただいた編集者の新谷光亮さん、デザイナーの長健司さん、イラストを描いていただいた松本知彦さん、その他ご協力いただい皆様、そして撮影のために作った料理をきれいに平らげてくれた息子たちに感謝いたします。

UTSUWA KESHIKI

安野久美子（TAO）

UTSUWA
KESHIKI

手仕事によるうつわと食の道具を
取り扱うギャラリー。来店は、メー
ル／Instagramのダイレクトメッ
セージ／電話による事前予約制。

Address
〒107-0052
東京都港区赤坂9-2-13
ninetytwo13-205号

Tel
03-6431-0047

Mail
keshiki@brera.jp

Homepage
http://www.utsuwa-keshiki.com

Webshop
http://www.utsuwa-keshiki.net

Instagram
utsuwa_keshiki

目次

「女性一人暮らし」
7つの神器 かみうつわ。

仕事や勉強に追われながらも日々がんばっている一人暮らしの女性を想定。愛らしさも取り入れながら、簡単な料理でも盛り付けるだけで食事どきが"ほっ"と息抜きタイムになるうつわをコーディネートしました。友人を招いた際のプチ・ホームパーティでも活躍します。

オーバル皿
(横 25 ×縦 19.5 ×高さ 1.5cm)

一番大きい皿は、使い勝手が良く、見た目にも変化が生まれるオーバル皿に。丸皿の役割も兼ねるため、正円に近い形を選択。

▶ 深紫だえんプレート　蓮尾 寧子

中皿
(直径 20cm、高さ 3cm)

大皿の役割はオーバル皿でまかなうので、中皿をセレクト。使い回しを考えると、リムがあり、少し深さのある形がおすすめ。

▶ シノワズリ リム深皿　市野 吉記

耐熱皿
(横 19.5 ×縦 15 ×高さ 4cm)

オーブンなどで調理し、そのまま食卓へ運べる耐熱うつわはとても便利。耐熱用途以外にも、中鉢として普段使いできる。

▶ 耐熱木瓜深皿M（黒錆）　石渡 磨美

中鉢
(直径 15cm、高さ 9cm)

ささっと食事を済ませたいときの丼もの、麺類用のうつわとして。煮物やサラダなどさまざまな料理にも使える。

▶ 稜花ボウル　吉沢 寛郎

カフェオレボウル
(直径 12cm、高さ 8cm)

本来の用途以外に、飯碗としての利用を前提にした形、サイズ感のものを選んだ。小鉢としても使用できる。

▶ カフェオレボウルM（薄鼠）　石渡 磨美

小皿
(直径 10cm、高さ 3cm)

小皿は、食卓のアクセントになる遊び心のあるデザインで。少し深さがあるとワンプレートでの重ね使いもできる。

▶ ブルーグレー足付きフリル小皿　安福 由美子

そば猪口
(直径 8.5cm、高さ 6cm)

飲物を注ぐだけでなく、小鉢やデザート用としても使える。いつもそばにあるうつわなので、お気に入りの一品を。

▶ そばちょこ（白）　はしもとさちえ

"和ンプレート"に
ぴったりのオーバル皿。

忙しくて食器洗いの余裕もないと
きは、洗い物が少なくて済む"和ン
プレート"が楽。このサイズのオー
バル皿なら主菜に加え、2～3品の
副菜も盛り付けられます。汁気の
あるおかずは小皿の重ね使いで、
スープはそば猪口で添えます。

主菜は中皿、丼は中鉢で
しっかり晩ごはん。

水餃子と中華丼のしっかり中華
ディナー。夕食のおかずプレート
には中皿が活躍。大雑把な見た目
になりがちな丼ものには、中鉢を
使うと品よくまとまります。

┃本来の用途に縛られず、自由な使い回しを。

ロールキャベツがメインのある日の夕食。本来は耐熱用途の木瓜皿にはたっぷりサラダ、そば
猪口にはめかぶ納豆、カフェオレボウルにはご飯を。固定観念に捕らわれず、自由なうつわ使
いを楽しみませんか？

┃中鉢の麺鉢使いは
┃ちょうどいいサイズ。

かき揚げそばを中鉢に。小ぶ
りで女性にはちょうどいいサイ
ズです。カフェオレボウル
に炊き込みご飯、小皿にカブ
とホタテのサラダの組み合わ
せ。豆皿より少し大きめ、深さ
のある小皿が使い回しが効く
ので重宝します。

意外と出番が多い
カフェオレボウル。

休日のブランチは、「そば粉の
ガレット」でちょっとおしゃれ
に。カフェオレボウルには、文
字通りカフェオレを。マグカッ
プだと飲み物用途に限られま
すが、カフェオレボウルなら飯
碗や汁椀、鉢代わりにもなる
ので断然おすすめです。

うつわのフル稼働でプチ・ホームパーティ。

友だちを招いた際のプチ・ホームパーティも、品数を増やして取り分けにすることで、ここで紹介したうつわ
たちで対応できます。二人分想定ですが、中鉢で一品加えればもう一人増えても大丈夫。

13

「男性一人暮らし」

7つの神器 かみうつわ。

自炊が苦手、手の込んだ調理はしないという男性向けに、中性的でシックなうつわを集めました。スーパーで買ったお惣菜を盛り付け直したり、手軽に調理できる料理をよそったりするだけで、見映えがよくなります。ガッツリ食べたいときに対応できるサイズ感もポイント。

一人鍋
（直径 23cm 、高さ 6.5cm）

直火で調理できる耐熱鍋は、調理鍋要らずで洗い物が減るので楽。煮込み料理に用いて野菜が摂りやすいのもうれしい。

▶一人鍋　増田 哲士

平鉢
（直径 23cm 、高さ 6.5cm）

男性が好きなカレーライスやパスタ、炒めもの用の大きめサイズ。フラットな形状より、深さのある皿のほうが守備範囲が広い。

▶ビロウド平鉢 L　平岡 仁

中鉢
（直径 13cm 、高さ 7cm）

高さがある鉢は用途が限られるので、控えめの高さを。汁物や丼、炒め物などさまざまな料理に利用できる。

▶白×黒 中鉢　谷井 直人

小丼
（直径 13cm 、高さ 7cm）

普通のご飯茶碗ではなく、やや小ぶりな丼にさっとご飯をよそって飯碗使いに。丼ものやお茶漬け、汁物にも使い回しが効く。

▶小丼　加藤 祥孝

中皿
（直径 17cm 、高さ 1.5cm）

揚げ物やお刺身など買ってきたお惣菜の盛り付け用途に。形や釉薬、装飾に表情のある皿を選びたい。ここでは八角皿を。

▶掛分八角皿S　平岡 仁

小皿
（直径 12cm 、高さ 3cm）

醤油などの調味料、薬味入れ以外での使い回しを考え、豆皿よりも少し大きめで深さのある小皿を選んだ。

▶粉引小皿　小澤 基晴

角皿
（横 23 × 縦 15.5 × 高さ 2cm）

エッジのある角皿は変化があり、買ってきたお惣菜を並べるだけで様になる。シンプルながら貫入がスタイリッシュ。

▶白×黒 入隅角皿　谷井 直人

小鍋は、一人暮らしの強い味方。

すき焼きを一人前でいただきます。具材を切って煮込むだけと調理が手軽、野菜もたくさん取れる鍋物は、一人暮らしの男性にとって強い味方。小さめの鍋なら収納もかさばりません。

直火調理でラーメンも手軽に。

ラーメン、餃子、チャーシュー丼の欲張り中華セット。直火で調理できる鍋ならば、インスタントラーメンを作ってそのまま食卓に運べます。飯碗用として選んだ小丼は、丼ものにも使えるサイズ感です。

┃お惣菜は、脱・プラ容器で美味しく見せる。

スーパーのお惣菜コーナーで買ったお寿司とコロッケも、味気ないプラスチック容器からすてきなうつわに移し替えるだけで美味しそうに。個性的な八角皿と角皿の組み合わせが、食卓に変化をもたらします。

┃角皿にトーストで
┃きちんと朝ごはん。

角皿にスクランブルエッグをのせたトースト、中鉢にコーンスープ、小皿にフルーツのモーニングセット。角皿は、ちょっとした付け合わせも添えられる形、サイズなので使いやすいです。

男性の大好物は、平鉢が大活躍。

大きめで少し深さのある平鉢は、男性の大好物、カレーライスのほか、チャーハン、焼きそば、パスタ、炒めものにと大活躍。小皿にはらっきょうと福神漬け。中鉢のたっぷりサラダで野菜不足を補います。

万能平鉢をおかずプレートとして。

大きめの平鉢は、もちろんおかずプレートとしても使えます。唐揚げに付け合わせの野菜も盛り付けられるサイズ感。もう一品欲しいときは、中皿（八角皿）を用います。ここではお刺身を添えて。

17

「カップル・夫婦」
7つの神器 かみうつわ。

二人暮らしのカップル・夫婦向けに、大人っぽく温かみのあるグレー＆ブラウンでそろえました。各うつわを2つずつというのが一般的かもしれませんが、数を最小限に抑えることを念頭に、一緒に食事するときの取り分け料理と、個別に提供する場合の両立を目指したセレクトです。

大皿
（直径 21.5m、高さ 4cm）

大皿料理で活躍する、"洋"の雰囲気をまとった主役にふさわしいデザインの皿。グレー釉の温かみが和食にも合う。

▶彫刻皿（グレー釉）　**古谷 浩一**

オーバル皿
（横 28 ×縦 18.5 ×高さ 4.5cm）　× 2 枚

ワンプレート、主菜、パスタ、カレーなどと守備範囲が広く、使用頻度の多くなる大きめのオーバル皿は、色違いで人数分用意したい。

▶オーバルプレート（赤茶・グレー）　**紙上 征江**

大鉢
（直径 22 m、高さ 5cm）

取り分け料理用に必須、汁物にも使える大きめの鉢。安南手（あんなんで）の絵付けは、食卓のアクセントになる。

▶輪花大鉢（安南手）　**市野 吉記**

中鉢
（直径 18m、高さ 5.5cm）

料理を個別に提供するなら小鉢×2だが、ここではうつわの数を抑えるため、小鉢2つ分の量をまかなえる中鉢を選んだ。

▶羽交リムボウル　**蓮尾 寧子**

中皿 1
（直径 21m、高さ 3cm）

取皿として以外におかず用プレートとしても使い回せる、しのぎが美しいやや大きめの7寸サイズを中皿としてセレクト。

▶リム平皿7寸（白）　**山本 雅則**

中皿 2
（直径 21cm 、高さ 2cm）

中皿1とサイズ感をそろえて中皿をもう一枚。サイズは同じだが丸皿と八角皿という形の違いが、調和と変化をもたらす。

▶ハチカクplate中（白）　**はしもと さちえ**

中皿のサイズをそろえ、見た目も量も統一。

朝食のおにぎりをオーバルにまとめ、おかずはそれぞれ中皿に振り分けました。中皿の形は違うのですが、どちらも7寸サイズなので、見た目も料理の分量も統一されます。

おそろいのオーバル皿に料理を分けて。

タコライスをオーバル皿に個別に盛り、鯛のカルパッチョとブラジルの豆料理「フェジョン」を添えた多国籍メニュー。オーバル皿のスペースが余る場合、フルーツや付け合わせなどをのせたり、おかずの取皿スペースとして使ったりすると◎。

大きめのうつわに取り分け料理、中皿は取皿に。

大きめのうつわにピザとショートパスタ、中鉢にチョップドサラダのランチ。7寸の中皿は、ゆったりめの取皿として用いるといいサイズです。

メインディッシュも余裕。オーバル皿のサイズ感。

このサイズのオーバル皿は、ステーキやハンバーグ、唐揚げなどボリュームのあるメインディッシュをドンと盛り付けられます。ここでは大鉢でパンを添えましたが、中皿にライスを盛って個別に提供してもいいでしょう。

汁気の多い料理でもばっちり対応の大皿。

緑に立ち上がりのある大皿なら、あんかけ豆腐ハンバーグなど汁気のある料理にもばっちり対応。煮物や
漬物は取り分けにしてうつわを減らし、洗い物を省力化。

夫婦円満。
ほっこりおやつの時間。

楕円と長方形と形こそ違います
が、サイズ感と色味が近いオー
バル皿と板皿は、おそろいのうつ
わのように使えます。同じ和菓
子をのせると、それぞれのうつ
わの個性が際立つので見た目に
楽しいです。

Chapter 2

ひと目でわかる！

うつわ使いの
「良し」と「悪し」。

食卓のお料理がいまひとつ美味しそうに見えない…
という悩みを持つ人は少なくないと思います。
そんなときは、うつわの選び方、使い方を意識してみませんか？
ほんの少し、うつわの色や形、サイズ、合わせ方のコツを知るだけで
見違えるように料理が美味しそうに見えます。
ここでは、うつわ使いのいい例とだめな例を比較しながら
ひと目でわかりやすくポイントをお教えします。

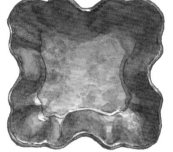

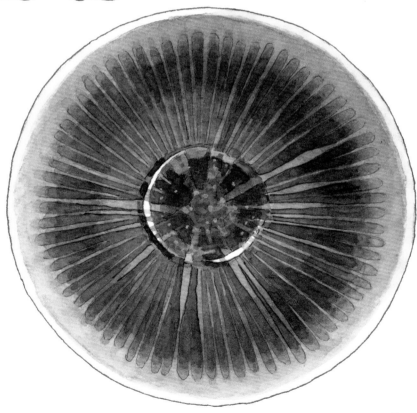

「色使い」の「良し」と「悪し」。

うつわの色使いを考えるときは、ファッションのカラーコーデを想像してみるといいでしょう。同系色でまとめる、反対色を用いる、効かせ色を使う、髪やメイクの色に合わせるetc...。もちろん好きな色を自由に選んでいいのですが、ちょっとしたコツを押さえておくと失敗がありません。

黒いうつわに黒っぽい料理、白いうつわに白っぽい料理。一般的にこのような彩りでは料理が映えず、美味しそうに見えない。

▌料理に合わせた色使いを意識する。

色味が濃い料理には色のトーンを落としたうつわを、逆に淡い料理には濃いうつわを合わせることでコントラストがつき、料理が映えます。料理が美味しそうに見えないときは、色使いに問題があることが多いです。

▶しのぎリムプレート 20cm　山本 雅則／四つ葉絵皿大（スズメ）　中西 申幸／ブロンズしのぎ7寸浅鉢　小澤 基晴

コントラストをつけるだけで映える。

淡い色の「冬瓜のあんかけ」を、深い緑色の小鉢に盛り付け。一見素朴な料理も、コントラストをつけるだけで上級な一品に早変わりする好例です。

▷輪花小鉢（織部） **黒木 泰等**

絵皿から色を抜き出し食材の色と合わせる。

絵皿を用いるときは、絵に使われている色味の1色ないし2色を抜き出し、同系色の食材を盛り付けると失敗がありません。ここでは赤と青の色合わせを意識しました。

▷灰釉白磁色絵掻き落とし5寸輪花鉢（赤鹿） **松本 郁美**

食材のひとつと同系色でまとまりを。

上の例とは逆に、料理の食材の1色に合わせ、イチジクのあずき色と同系色の皿を選びました。全体で見ると、皿の補色であるベビーリーフの緑が映えています。

▷いちじく流し浅鉢L・微細結晶緑釉ピッチャー **和田山 真央**

すべてが白いうつわだと無味乾燥のイメージ。一見料理の彩りが引き立ちそうに思えるが、変化に乏しく、"食べる楽しみ"が湧いてこない。

▌キーカラーを決めてからコーディネート。

うつわのカラーコーデを考える場合は、まず使いたいうつわの色、「キーカラー」を決め、それを基準に同系色や反対色などを取り入れるといいでしょう。写真の例では"黒"をキーカラーに設定し、同じく無彩色で、濃度の違うグレーを取り入れて統一感を出しました。

▶梅小鉢（鉄釉） 額賀 円也／6.5寸隅入長皿（グレー粉引） 加藤 祥孝
／すずらん小鉢（炭入） 黒木 泰等・高田 志保／輪花小皿（グレー） 石川 裕信
／栃 さび漆 椀（白） 蝶野 秀紀／ナローボーダー飯碗 沖 誠
／八角横長トレー（ウォルナット） 岩崎 翔

サイズをそろえて色とりどり。

多色使いは難しそう、でも色で遊びたい——。
そんなときは、うつわのサイズをそろえてみま
しょう。各々の色が異なっていても、まとまり
が生まれます。

▶藍流し浅鉢ss・微細結晶褐色釉平皿ss・いちじく流し
浅鉢ss・微細結晶緑釉平皿ss・ガラスピンク marcato s・
Jill 平皿ss 和田山 真央／一人膳長方形（ウォルナット）
高塚 和則

色合いをそろえれば
絵付けは失敗なし。

伝統的なジャパンブルー"藍"
の絵付けうつわの組み合わせ。
絵付けのうつわは、組み合わせ
によっては雑然と見えがち。入
門者は、絵の色合いをそろえる
ことで失敗がなくなります。

▶六瓢箪文リム小皿・青海波ぐい呑み・
ダリア文小鉢・宝尽文丸小鉢・瓢箪地
文箸置き・色絵蛸唐草文リム小皿　中
里 博彦・博恒／白磁線刻 菱形皿・掛分
片口ぐい呑　平岡 仁／和紙貼八角盆
（正方形・黒）　蝶野 秀紀

"白"なら形や装飾に個性を。

決して白いうつわがダメということでは
ありません。ただし、白であれば、形や
装飾に個性があるものを選び、変化を取
り入れるのがおすすめ。ここでは、リム
の尖りが優美なうつわを用いました。

▶片口6寸皿（白）　黒木 泰等・高田 志保

「サイズ感」の「良し」と「悪し」。

どんなにすてきなデザインの洋服でも、ブカブカだったり、ピチピチだったりサイズが合っていない
と野暮ったく見えてしまいます。同じことがうつわ選びにも当てはまります。盛り付ける料理の種類
やその量に合った適切なサイズ感のうつわ使いを心がけましょう。

せっかくのすてきなうつわも、サイズに対して料理を盛
りすぎると窮屈に、逆にスカスカとだ貧相に見え、野暮っ
たい印象に。

「余白は2割」が盛り付け黄金比。

悪い例から、主菜のオーバル鉢とキンパの丸皿を一回り大きいものに、副菜のうつわを一回り小さいものに
変えるだけで品の良い見た目になります。「余白を2割程度設ける」ことを基本にすると、料理とうつわが引
き立て合います。

▶楕円鉢（大）　石川 裕信／ブロンズしのぎ皿5寸・淡黄リム皿8寸　小澤 基晴／しのぎ 切立6寸（白）　増田 哲士

「2寸違い」がバランス良し。

メインディッシュと主食の2プレート構成などでは、8寸と6寸、7寸と5寸といった"2寸違い"のサイズの皿を並べるとメリハリが出てバランスよく見えます。

▶6寸三島輪花皿・8寸三島輪花皿・紋手高坏　マルヤマウエア

取り分け料理も余裕を持って7寸以上で。

量が多めの取り分け料理も、余裕を持たせ、少なくとも7寸以上のうつわを用いましょう。余白を生かして盛り付けることで、このうつわのような刷毛目など装飾の美しさも楽しめます。

▶7寸浅鉢（刷毛目）　額賀 円也

大胆な余白でうつわ使い上級者。

大きめのうつわを用い、大胆に余白を取って盛り付けると、料理とうつわともに存在感が際立ちます。"ここぞ"というときに試してみたいうつわ使いの上級編です。

▶【左】黒釉輪花プレート24cm　木下 和美／【右】しのぎリム中鉢（茶）　増田 哲士

「かたち」の「良し」と「悪し」。

うつわの形は、もちろん盛り付ける料理の種類によって決まりますが、無難な丸皿ばかり並べては物足りなさを感じます。どの形を選ぶか悩むかもしれませんが、一歩踏み出し、いろいろな形のうつわ使いにトライして、目にも美味しく楽しい食卓を演出してみましょう。

すべてを丸皿・丸鉢でそろえると、無難ではあるが、気持ちが"アガらない"見た目になりがち。形にも気を配って、華のある食卓にしたい。

形で遊ぶときは、色のトーンをそろえつつ。

輪花、稜花、八角形——思い切って形で遊んだうつわ合わせで食卓に花が咲いたような趣に。色のトーンを1〜2色でそろえることで、形が違っていてもまとまりのあるうつわ合わせとなります。

▶ウンリュウ plate 大（黒）・Titan稜花銀彩鉢14cm　**東 一仁**／西洋鉢　**吉沢 寛郎**／掛分紫陽花鉢（L）　**平岡 仁**／長八角皿大　**安福 由美子**

形から料理を考えるのも楽しい。

「この料理には、この形のうつわ」と決めつけず、うつわの形から料理や盛り付けを考えるのも楽しいものです。この例では、箱型・ダイヤ柄のデザインに合わせ、海鮮寿司を市松模様で盛り付けてみました。

▶お重（ダイヤ）・六角小皿市松（大）小皿　**高島 大樹**／栃挽きたて 盆1尺（茶）・栃 さび漆 壺椀（茶）　**蝶野 秀紀**

"おそろコーデ"なら入門者も安心。

雪の結晶をモチーフとした「雪輪紋」の形が美しいうつわ。このようにデザイン性の高いうつわも、そろいで使えば失敗はありません。

▶白瓷 雪輪6寸皿・白瓷 雪輪銘々皿・白瓷 六角雪輪舟形小皿・うすみどり貝形3寸皿　**幾田 晴子**／和紙貼八角盆 正方形（茶）　**蝶野 秀紀**

形や用途に縛られず、自由に使う。

木瓜皿、土鍋、とんすい、コンポート皿──特徴的な形のうつわを使って食卓に変化を。土鍋にはスープを入れるなど、本来の用途に縛られず自由に、積極的に使いたいものです。

▶耐熱木瓜深皿 L（黒）・炊飯土鍋（黒）・コンポート皿M（粉引）・とんすい（粉引）　**石渡 磨美**／スプーン大・フォーク大　**中根 嶺**

39

「ワンプレート」の「良し」と「悪し」。

おしゃれなカフェなどでよく見かける「ワンプレート」は見映えがよく、洗い物が少なくて済むというメリットもあるので、家庭にも取り入れたいところ。気に入ったお皿の一枚使いだけで贅沢感を味わえるという手軽さがあるので、うつわ入門者にもおすすめです。

食パン、ベーコンエッグ、サラダ、デザートの定番モーニングセット。"いつもと同じ"感があり、今ひとつ食欲がそそられない。

■ まとめるだけであら不思議、華やかな朝食に。

さりげない絵付けのリムが印象的なオーバル皿を用いたワンプレート。食パンとおかずはまとめてオープンサンドにしました。同じ朝食メニューでも、まとめられる食材はまとめ、すてきな皿に盛り付けるだけでぐっと華やかになり、食欲がそそられます。

▶オランダ楕円皿　高島 大樹／六角杯　小林 裕之・希

朝食は栄養バランスを考えてさまざ
まな食材を用意したいところだが、品
数が多いと洗い物が増えて面倒に。

▎うつわの省略で、ズボラさんもうれしい。

美しいしのぎの平皿を用いたワンプレート。フラットな形
状を選べば、重ね使いのスープカップも安定します。使用
するうつわの数が一気に減るので、洗い物が苦手なズボラ
さんもうれしい限り。

▶しのぎ平皿8寸　山本 雅則／バロックタブ小鉢（白）　うつわうた
たね

▎主食は別添え、おかずをワンプレートでディナーにも。

ご飯やパンの主食は別添えと割り切り、おかずをワンプレートに盛り付けて豪華なディナーに。ちょっと特
別感のある華やかなデザインの皿を用いると、ディナーとしての贅沢さを演出できます。

▶黄釉楕円皿 大　大井 寛史／銀彩流し掛け 8寸リム皿　沖 誠

和食の「和ンプレート」だが、目についた食材から盛り付けると大雑把な印象に。米もそのまま盛っただけなので美味しそうに見えない。おかずからの汁漏れも気になる。

▍和ンプレート、「重ね使い」「米の扱い」「彩り」の三原則。

汁気のあるおかずは豆鉢によそい、米はおにぎりや型抜きにすることで、見た目も美味しさも両立させます。さらに煮物に人参とさやえんどう、おにぎりに枝豆、卵焼きを加えるなどして、黒の皿に映えるようにしました。ワンプレートの盛り付けは、キャンバスに絵を描くような心持ちで。彩りが大切です。

▶リムプレート rm-1　su-nao home

ワンプレートで
栄養と彩りを両立。

ワンプレート料理は、大皿の出番。主食＋主菜＋副菜2〜3種類が盛り付けられ、栄養的にも彩り的にもバランスが良くなります。写真は洋食使いですが、もちろん和食使いでもOK！

▶輪花豆皿（グレー）　石川 裕信／あずきティーカップ　蓮尾 寧子／スプーン・フォーク（白）　湯浅 ロベルト 淳

"メイン"の存在感が
際立つサイズ。

おかずの定番、主菜の豚肉の生姜焼きと付け合わせの野菜。目一杯盛りたくなるところをぐっとこらえ、ゆとりをもたせてください。うつわの表情も楽しめ、普段のおかずも見映えします。

▶4.5寸 楕円輪花皿（粉引）　加藤 祥孝／しのぎ飯碗　山本 雅則

┃ 取り分け料理にも使える守備範囲の広さ。

大皿は、その大きさを生かし、ちょっとした取り分け料理のうつわとしても活躍します。少し深さがある大皿は、大鉢やフラットな皿よりも守備範囲が広いのでおすすめ。

▶リム取り皿　su-nao home

「オーバル皿」の使い回し。

お気に入りの作家に出会って、まずどのうつわを買おうか迷ったときは、オーバルプレートがおすすめ。
見た目に新鮮で、盛り付けしやすく、食卓の省スペース化にも一役買うなどいいこと尽くし。主菜・
一品もの・ワンプレート、和・洋・中と、使い回しも自在です。

ここで使ったオーバル皿

縁のしのぎと錆釉の深いブラウンが美しいオーバルプ
レート。縦17cm×横26cmの"ちょうどいい"サイズで、
ワンプレート、麺類、主菜など幅広く活躍し、食卓やト
レイでのレイアウトもすっきり収まる。

▶ななめしのぎオーバル皿（にびいろ）　**うつわうたたね**

┃ワンプレートの盛り付けがキマりやすい。

オーバルは、皿の上の余白をあまり気にせずとも盛り付けがキマりやすいの
で、ワンプレート料理の盛り付けに自信のない人も安心です。

▶三島れんげ　**額賀 円也**／輪花 楕円豆鉢（粉引）　**加藤 祥孝**／微細結晶褐色釉わん M
和田山 真央／褐釉染付四角輪花豆鉢　**鈴木 まどか**／入隅トレー（チェリー）　**岩崎 翔**

ボリューム料理も見映えよし。

ナシゴレンに目玉焼きや付け合わせの野菜
を。ボリューム感のある料理も、一皿に見映
えよく盛り付けられるのがオーバルのいいと
ころです。

▷安南手八角小皿・安南手豆皿　**市野 吉記**／栃 挽き
たて 盆（1尺・GC黒）　**蝶野 秀紀**

焼麺やパスタも
スマートに。

パスタや焼きそば・うどんな
ど、汁気が少ない麺類とオー
バルの相性は抜群。オーバル
なら、添えのうつわとともにト
レイ上のレイアウトもスマー
トに見えます。

▷バロックタブカップ（にびいろ）
うつわうたたね／しのぎ透かし中
鉢　**新里 竜子**／三島豆皿　**池田 大
介**／八角グラス　**小林 裕之・希**／
八角横長トレー（くるみ）　**岩崎 翔**

いつものメイン料理も
"一味"違って見える。

この大きさのオーバルプレートは、
さまざまな主菜にも使いやすいサ
イズ感。ハンバーグや唐揚げなど
よくあるおかずも、いつもと違った
雰囲気に見えます。

▷クレマ注器　**高島 大樹**
料理協力：桑原 亮子（SPICEUP）

49

「長皿」の使い回し。

和食では焼き魚やお刺し身などによく使われる長皿。実は案外使い勝手がいいうつわです。スマートな形状で、盛り付けも"並べるだけ"で美しく見えるので、副菜やオードブル、スイーツをよそいきの顔に仕立てるにはうってつけです。

ここで使った長皿

スマートな形に黒のマットな釉薬が、どのような料理もスタイリッシュに見せる長皿。長皿もサイズはさまざまあるが、1〜2人前用として出番が多い横28cm×縦10.5cmのサイズをセレクトした。

▶ロングプレート　su-nao home

うつわの重ね使いで主菜・副菜を一緒に。

和食の基本、"一汁三菜"の朝定食のうつわ使いに長皿を。長皿には主菜の焼き魚のほか、小鉢などを重ね使いすることで副菜も添えられ、省スペースとなります。

▶掻き落とし楕円豆皿　**松本 郁美**／花小紋 飯碗　**原 依子**／稜花豆皿　**大井 寛史**／白磁スープマグ　**中里 博恒**／トレイ　**岡 悠**

オードブルを
料理店のようにサーブ。

オードブルや酒の肴などを小盛りに配するだけで料理店のような趣に。来客時など、さっと料理をサーブする際に便利な長皿使いです。

▷コンポート　su-nao home ／錆オーバル深小鉢　安福 由美子 ／モール台付きグラスS（スモーク）　三浦 侑子

お菓子とお茶をのせて
幸福なおやつ時間。

ちょっとしたお菓子も、スタイリッシュな長皿にのせると上等な甘味に見えます。お茶を上にのせ、トレイや茶托を兼ねるのもアイデアです。

▷黒稜花銀彩カップ　東 一仁 ／菓子切り　須原 健夫

品数が多いときもすっきり。

小分けのお惣菜を長皿に盛り付け。うつわの数が増えると雑然としがちですが、長皿にまとめることで食膳がすっきりし、トレイにも収まります。

▷コバチ輪花18弁・取り皿リム八角・豆鉢 四角・豆ザラ 隅切長角　su-nao home ／和紙貼八角盆（長方形・黒）　蝶野 秀紀

51

「中鉢」の使い回し。

中鉢は、5〜7寸サイズで深さのあるうつわです。サイズにもよりますが、1人前の主菜のほか、2〜4
人分の取り分け副菜用としても用いることができます。深さがあることから、汁物や煮物はもちろん、
麺類や丼などに幅広く使える必需うつわといえるでしょう。

ここで使った中鉢

1人前のメイン料理、2人分の取り分け副菜に対応でき
る直径15.5cm（5寸程度）、浅めの高さ6cmのサイズ。
耳付きが見た目のアクセントであるとともに、アツアツ
料理を運ぶ際の実用性も兼ねている。

▶白×黒 耳付き鉢（ドット）　谷井 直人

┃ 煮物や汁物も、やや浅めが品よく見える。

ホットな麻婆豆腐を盛り付け。中鉢は特に煮物や汁物での使用頻度が
高いうつわです。深めの鉢ではなく、あえてやや浅めの中鉢で品よく見
せるのがポイント。

"いかにも丼" から "おもてなし丼" に。

中鉢は、丼ものや麺類など幅広い料理に使えるので便利です。"いかにも" の丼鉢
ではなく浅めの中鉢を使うことで、重箱でなくてもおもてなし感のあるうな丼に。

▶四つ葉絵皿 小　**中西 申幸**／菊蒔絵吸物椀　**やの さちこ**／八角豆皿／粉引　**加藤 祥孝**／八角膳
こだち彫り（ウォルナット）　**高塚 和則**

サラダに、スープに
気軽に使える。

サラダを盛って女性に人気のサラダラン
チに。サラダの代わりに具だくさんスー
プをよそってもヘルシー。浅めの中鉢は
気軽に色々な料理に使えるので、持って
いて損はないうつわです。

▶スープカップ（鉄釉）・三島4寸皿　**額賀 円也**

「そば猪口」の使い回し。

そば猪口は本来そばつゆを注ぐためのうつわ。最近では湯呑み茶碗やコップ代わりに使われることも多いですが、実に幅広い使い方ができます。骨董ものの需要が根強い一方で、作家が手がけるそば猪口も人気。価格も手頃なことから愛好家が多いうつわです。

ここで使ったそば猪口

ほかのうつわとも合わせやすいシンプルな白系統の色味ながら、光の加減で表情を変えるしのぎが印象的。サイズ感、フォルムはどれもほぼ同様なので、色や絵柄、装飾などの見た目の個性で選ぶといいだろう。

▶ そばちょこ　はしもと さちえ

┃ そばにはそば猪口。当たり前だからこそアクセントを。

そば猪口本来の使い方である、そばつゆを入れて。絵付けや柄、装飾など見た目に個性があるものを選ぶと食卓のアクセントになります。ただし、悪目立ちするものは避けましょう。

▶ 八角皿　森谷 和輝／蕎麦笊交色ござ目編み　岡 悠／灰釉波紋角皿（S）・白磁レンゲもどき　平岡 仁／三つ玉箸置き　三浦 侑子／拭漆 五角箸（茶）　蝶野 秀紀

デザートとの相性も Good。

朝食に添えるヨーグルトに、そば猪口を使用。一口サイズに切ったフルーツや、アイスクリームやゼリーなどデザートとの相性もよいです。

▷スミレプレート　内山 太朗／草原手びねりカップ　蓮尾 寧子／テーブルスプーン　須原 健夫

気取らず、飾らず "ちょこっと" おかずを。

忙しいお昼時、おにぎりと昨日の夕食で余った豚汁でささっと済ませたい。そんなときはお気に入りのそば猪口に、おかずを気取らずよそって一息つきませんか。

▷梅豆皿 粉引　額賀 円也／輪花盆　落合 芝地／6.5寸 八角長皿（鉄釉）　加藤 祥孝

飲み物を注ぐのは 今や定番の使い方。

コーヒーやお茶などの飲み物を注ぐ使い方は、最近では一般的。手持ちの小皿をカップソーサーや茶托に見立てて用いるのもいいでしょう。

▷褐釉稜花小皿・緑釉陽刻文オーバル皿　鈴木 まどか／灰琥珀 花七宝 升　前田 麻美

「豆皿」の使い回し。

3寸（直径約9cm）程度の愛らしい大きさ、豊富なデザインのバリエーション、手頃な価格の豆皿は、入門者も真っ先に手に入れやすいうつわです。手持ちのうつわを気にせずに好きな絵柄のものをどんどん買い足し、コレクションするという楽しみ方ができるのも魅力です。

ここで使った豆皿

縁の「青海波（せいがいは）」の文様が、伝統的でありながらモダンな雰囲気の豆皿。小さいので、大胆な絵柄でもかえってそれがワンポイントになる。色々なデザインのものを集めるのも楽しい。

▶青海波豆皿　中里 博彦・博恒

▌賑やかさが楽しい。トレイにまとめて豆皿御膳。

コーディネートにとらわれず、さまざまな豆皿にお惣菜を少しずつ、の"豆皿御膳"。見た目が違っていてもサイズはほぼ一緒なので統一感があります。トレイの上にのせてまとまりをつけるのもポイントです。

▶（真上から時計周りに）梅豆皿 鉄釉　額賀 円也／緑釉陽刻文豆鉢　鈴木 まどか／花小紋豆皿　原 依子／安南菊割小皿　鈴木 まどか／炭入片口豆皿　高田 志保／灰青釉 花七宝 六角豆皿　前田 麻美／ヒョウタン豆皿（ターコイズ）東 一仁／栃 挽きたて 盆（1尺・GC黒）蝶野 秀紀

使い回し優先なら立ち上がった縁、平らな底。

豆皿は好みで自由に選ぶのが楽しいですが、あえて言えば、縁が少し立ち上がり、見込み（底）が平らなものがおすすめ。醤油などの調味料、香の物や副々菜、薬味入れを兼ねることができます。

▷ 白磁四稜花5寸皿　幾田 晴子／シルバーぐい飲み　谷井 直人

お気に入りを茶托・ソーサーとして。

せっかくお気に入りの豆皿を手に入れたなら、おもてなしの茶托やカップソーサー使いで出番を増やすのはいかがでしょう。同じ作家のうつわどうしなら当然相性もバッチリ。

▷【左】青海波蕎麦猪口・捻り地文型打取皿　中里 博彦・博恒／花パン皿特大（ウォルナット）　高塚 和則
▷【右上】マグカップ（パッチワーク）・豆皿（ドット）　薮本 寛之
▷【右下】八角小鉢（グレー）　小林 裕之・希／稜花豆皿（白）　大井 寛史

「脚付き」の使い回し。

脚付き、高台が高めの鉢、コンポート皿などを使うと、高低差がつくことで食卓が立体的になり、ワンランクアップのうつわ使いに。「どんな料理に使えばよいかわからない」という人も少なくないですが、上部の鉢・皿の形で考えることで、色々な使い道のアイデアが生まれます。

ここで使った脚付き

直径9.5cm、高さ6.5cmの脚付き鉢。脚付きのうつわ使いに自信がない人は、控えめな高さのものから取り入れるのがおすすめ。上部は小鉢の形状、サイズ感なので、普通の小鉢のように用いればよい。

▶灰釉 六弁文高足鉢　田中 大喜

▌奥に置いて奥行き・広がりを感じさせる。

普通の中鉢使いとして煮物を盛り付け。脚付きに捕らわれず、上部の形から用途を考えればOK。高さのあるうつわは奥側に置くことで目線が上がり、奥行き・広がりを感じられ、食卓全体が目に飛び込みやすくなります。

▶白瓷 桃小皿　幾田 晴子／栃 さび漆 壺椀（白）　蝶野 秀紀／長皿長角板皿　中里 博恒

何気ないデザートを
エレガントに魅せる。

脚付きのうつわは、パフェやプリンアラ
モード、アイスクリームなどのデザート
をエレガントに見せます。板皿などの上
にのせると、より特別感を演出できます。

▶ Musk plate〔M〕 **木下 和美**

さりげなくオードブルに取り入れる。

プレートとの重ね使いでナッツを入れ、来客へのおもてなしにもなるお酒のお供のオードブルセットに。さ
りげない用い方ですが、高さを出すだけでアクセントになります。

▶ 白釉ギザギザプレートφ30 **黒木 泰等**

Chapter 4

「ふだん料理」もすてきに変身！

【料理別】
うつわ使いの
バリエーション。

カレーライス、チャーハン、丼もの、うどん、ラーメン、焼きそば、
パスタ、生姜焼き、ハンバーグ、デザート、トースト
──そんな飾り気のない"ふだん料理"も、
うつわ使いに気を配ればぐっとぜいたくな一品に早変わり！
セオリーを押さえつつ、ときに既成概念に捕らわれず、
お料理の種類別に、どのようなうつわを使って、どのように盛り付ければよいのか、
そのコツやポイントをお教えします。

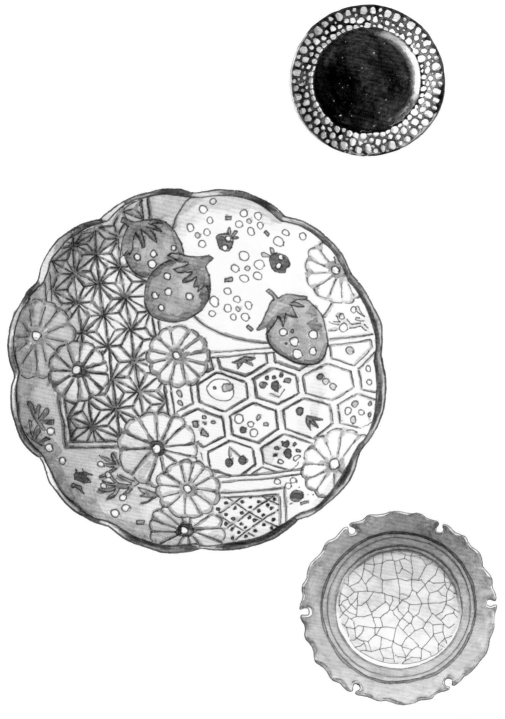

「ワンプレート」のうつわ使い。

洋食のブレックファーストやランチでよく見かける、主食と色々な料理を一枚の皿の上に盛り付けた「ワンプレート」。華やかに見える、洗い物が少なくて済む、といった利点があるので、和食や晩ご飯でも活用できます。丸いお皿なら8寸以上のものを選びたいところです。

▌"和ンプレート"はシンプルなうつわが似合う。

和食主体の「和ンプレート」は、さまざまな食材が混在し、彩りも多いです。そのため、色はシンプルながら形や素材などに個性のある皿が料理を引き立てます。ここでは、縁のデザインに遊び心がある白釉の皿を用いました。汁が多めの料理は、豆鉢を重ね使いして汁漏れを回避します。

▶白釉片口8寸皿　黒木 泰等・高田志保／炭入りレモン豆鉢　高田 志保／すずらんカップ　黒木 泰等

丸皿にこだわらず、形で遊ぶ。

口縁に立ち上がりのある入隅の角鉢を
使った "和ンプレート"。お弁当のよう
に余白を気にせず詰められるので、盛り
付けに自信のない人にもおすすめです。
和ンプレートは、丸いお皿にこだわる必
要はありません。

▶白×黒 入隅角鉢・黒×シルバー ぐい飲み
谷井 直人

小鉢・豆鉢の重ね使いで一石二鳥。

9寸と大きめのお盆状のプレートに、おかずを小分け
にして盛り付け。見た目に平凡と感じたときは、形に
個性がある豆鉢や小鉢を重ね使い。汁気のある料理
も提供できるので一石二鳥です。

▶丸盆皿9寸・足付蕾小・貫入木瓜小鉢 **安福 由美子**

おせちをワンプレートに、
の提案。

おせち料理を一人前ずつに分けて、鮮
やかな食材の色を引き立てるマットな
質感の黒い板皿に品よく配してみまし
た。わざわざお重に詰めなくても、十分
ハレの気分を感じられます。

▶黒釉板皿・炭入り角猪口 **髙田 志保**／ブルー
グレー輪花小鉢・八角皿 小 **安福 由美子**

「ご飯もの」のうつわ使い。

私たち日本人はお米が大好き。和洋中問わず、炊き込み、混ぜ、炒め、握り──さまざまな調理法で
ご飯を楽しんでいます。汁気が少ないご飯ものには、フラットなお皿以外に浅めの鉢なども使えます。
一枚使いが多いので、思い切って個性的なうつわに挑戦するのもよいでしょう。

うつわの個性が映える大きめの皿で。

彩りが少ないチャーハンも、個性的な装飾（ここではヘリンボーン柄）が施
された大皿を使うと見映えします。大きめのうつわを用い、装飾が見えるよ
うに余白を残した盛り付けにするのがコツ。付け合わせを一緒にのせれば、
彩りを加えられ、洗い物も減らせます。

▶ヘリンボーン7寸皿・刷毛目4寸
皿・ヘリンボーンマグ　池田 大介
／スプーン黒　湯浅 ロベルト 淳

どら鉢ですっきり。
銀彩で高級感を。

円筒型のどら鉢は、具材のかさが少なめの丼、例えばそぼろ丼などにおすすめ。具材を盛り付けやすく、見た目に美しくなります。ここで用いた銀彩のうつわは、何気ない料理も高級な一品に仕立ててくれます。

▶銀彩流し掛け 5寸ドラ鉢・銀彩流し掛け めし碗 沖 誠・掛分瓢豆皿・掛分薬味入れ 平岡 仁／一人膳 丸 高塚 則和

丼を小鉢に分けて上品に。

魚介類の盛り付けが雑然となりがちな海鮮丼も、小ぶりな升形の角鉢に分けることで上品な御膳となります。普段は小鉢として利用できるので、色や柄のバリエーション違いで同じサイズ感のものを揃えておくとよいでしょう。

▶鳥遊戯画 角向付・象嵌 角向付・象嵌六角小付・鳥遊戯画 コンポート・鳥遊戯画 菱形豆皿 中西 申幸／入隅盆キハダ黒漆 落合 芝地

深さのあるプレートで
レストランの雰囲気に。

広めのリムに上品な絵付け、少し深さのあるプレートにタイ風ひき肉丼を。同じ作家の小皿や蓋碗（がいわん）などでコーディネートすることで、ちょっと気の利いたアジアンレストラン料理の雰囲気になりました。

▶白磁色絵掻き落とし7.5寸稜花皿・白磁色絵掻き落とし3寸稜花皿・白磁色絵掻き落とし蓋碗・白磁色絵掻き落とし高足輪花茶器 松本 郁美／胴張入隅盆 落合 芝地

「麺（つゆなし）」のうつわ使い。

ランチに活躍する焼きそばやパスタ、そうめん、冷やし中華など、つゆがない（少ない）麺類の場合は、8寸くらいの大きさで、少し深さのあるプレートを用意したいところ。P.66で紹介したカレーライスなどにも使い回しできるので一枚あると便利です。

うつわ使いはボーダーレス。
料理の国籍で決めつけない。

タイの炒麺、パッタイを、西洋の雰囲気が漂うレリーフプレートに盛り付け。色味の少ない麺料理も、愛らしいリンゴの木のレリーフと、飴釉の明るいブラウンが引き立てます。和食だから和のうつわ、洋食だから洋食器、と決めつけず、自由な組み合わせを楽しむのもうつわ使いの醍醐味です。

▶りんごのレリーフプレート　内山 太朗

個性的なそろいのうつわで "麺御膳"。

つゆをかけ回して食べる "ぶっかけ" 系の麺類は、大きめ（8寸以上）のうつわで。そうめんやひやむぎは見た目に地味になりがちですが、薬味や付け合わせを釉薬の光沢が美しいうつわでそろえ、気の利いた "麺御膳" に仕立てました。

▶ビロウド平鉢L・ビロウド片口ぐい呑・ビロウド酒盃・ビロウド紫陽花鉢M　平岡 仁

ガラスのうつわは 夏の麺類に大活躍。

夏の定番、冷やし中華を、涼し気なガラスのうつわに盛り付け。ガラス食器セットが一つあると、冷たいそばやうどん、そうめんなど、夏の季節に大活躍します。

▶かすみ深皿（クリア）・おびグラス（クリア）・ハットボウル（クリア）・アイスクリームカップ（クリア）　三浦 侑子／和紙貼八角盆 長方形（黒）　蝶野 秀紀

装飾を生かし小さく盛り付け、レストランの趣に。

何気ないパスタをイタリアンレストランの一皿のように演出するには、大きめのお皿の中央に小ぶりに盛り付けるのがポイント。ユリがモチーフの輪花皿が、いっそう料理を引き立てます。

▶Lily plate　木下 和美／モール台付きグラス L（スモーク）　三浦 侑子／スプーン黒・フォーク黒　湯浅 ロベルト 淳

「麺（つゆあり）」のうつわ使い。

つゆが注がれた麺類は、特に「麺鉢」と呼ばれるうつわにこだわる必要はないでしょう。つゆが溢れない深さと適度な大きさがあれば、普通の中鉢や丼、それ以外のうつわでもOK。むしろお気に入りのうつわを見つけたら、麺鉢として積極的に使ってみてください。

耐熱うつわで
アツアツのまま食卓に。

煮込みうどんを、深さがあり直火にかけられる耐熱の片手パンで調理し、そのまま食卓に。深さがあるのでシチューや鍋ものなど用途は広がります。巷で見かける耐熱食器はパッとしない見た目のものが多いですが、実用性とデザイン性を兼ね備えた耐熱うつわを見つけたら"買い"です。

▶片手パン（こげ茶）　はしもと さ
ちえ／なべ敷き　岡 悠／木瓜ト
レー大（ウォルナット）　岩崎 翔

普段使いの
お気に入り鉢でいただく。

オーソドックスな形で6寸程度の中鉢は、ラーメンやお蕎麦などの麺鉢としても使えます。取り分けするおかずや、丼ものなど普段使いもできるサイズ感がうれしいです。

▶オータムリース鉢 原穂 / 栃 挽きたて 盆 (1尺・茶) 蝶野 秀紀

白い麺には濃色のうつわで
特別感を。

愛らしい稜花の鉢をフォーの鉢として用いました。うどんやそば、ライスヌードルなどの麺類は無彩色で、素朴な色合いになりがち。濃色の鉢でコントラストをつけるだけでも特別感が生まれます。

▶稜花7寸鉢 (黒唐金)・耐熱八角皿 M (黒錆)・稜花7寸鉢 (黒唐金)・耐熱ココット (白)・稜花小鉢 (黒唐金) 石渡 磨美 / 拭漆五角箸 (黒) 蝶野 秀紀

自由に選んで、気軽に食べる。

なだらかな曲線と不規則な貫入が美しい楕円鉢に、すだちそばを盛り付け。つゆが溢れない深さ、量に見合った大きさがあれば、丸鉢にこだわらなくて大丈夫。気軽に食べる麺類だからこそ、麺鉢もかしこまらず自由に選びましょう。

▶炭入り楕円鉢 大 高田 志保

「パン」のうつわ使い。

朝食で食べる機会が多いパンのうつわは、やはりフラットなプレートが無難です。形は丸皿などシンプルになりがちなので、リムにアクセントのあるものがおすすめ。おそろいのマグカップなどとともに、お気に入りのモーニングセットを用意するのも楽しいでしょう。

▌オープンサンドを使い勝手のいい6寸皿に。

食パンを使ったオープンサンドを、リムのしのぎが特徴的なプレートにのせました。いくつかおかずを盛り付けるワンプレートと違い、それ一つで完結するオープンサンドやサンドイッチの場合は、6〜7寸サイズが使い勝手がいいです。

▶鱗リム皿白黒6寸・パッチワークマグ・鱗豆皿白黒　薮本 寛之　／入隅豆鉢（クリア）　三浦 侑子／バロックタブカップ（にびいろ）　うつわうたたね／木瓜豆皿（鉄釉）　額賀円也／フォーク（黒）・デザートスプーン（黒）　湯浅 ロベルト 淳／一人膳こだち（チェリー）　高塚 和則

余白を生かして
サンドイッチを7寸皿に。

ターコイズブルーの鮮やかな色彩
と、リムの表情を生かすため、7寸サ
イズとやや大きめのプレートを用い
ました。余白を使ってレイアウトす
ることで、フルーツサンドとうつわ
が互いに引き立て合います。

▶7寸リムプレート（ターコイズ）　マルヤ
マウエア

オーバル皿をワンプレート使い。

万能なオーバル皿は、パンのほかにフルーツ
やサラダなども一皿に盛り付けてワンプレー
ト使いに。水分のあるヨーグルトやミルクに
浸したシリアルなどは、豆鉢や小鉢を重ね使
いするといいでしょう。

▶洋プレート大（クリーム）・マグカップ（クリーム）
猪原 朱乃／モール台付豆鉢（スモーク）　三浦 侑子

パン入れに
ぬくもりある竹かごを。

いろいろなパンを選んで食べる、という
ときは、一人用、取り分け用いずれでも
使える竹かごもおすすめ。ぬくもりのあ
る竹の素材感が、パンをより美味しそう
に見せます。

▶六つ目かご　岡 悠／スープカップ・フォーク
（黒）　湯浅 ロベルト 淳／台付グラス（スモー
ク）　三浦 侑子

「スイーツ」のうつわ使い。

見た目に華やかさや彩りがあるスイーツや甘味は、うつわとの組み合わせによって贅沢で胸が躍る"おやつ時間"を演出。小ぶりなサイズのうつわを一枚使いすることが多いので、組み合わせを気にせずに大胆なものを用いるいい機会でもあります。

コンポート皿で
まるで美術品のような趣。

ケーキをコンポート皿にのせると、まるで一つの美術品のような趣になります。コンポート皿は、スイーツやデザートとの相性が抜群。5寸サイズ程度の皿だと、1ピースのケーキのフォルムが映えます。

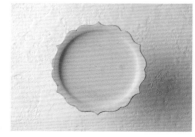

▶稜花コンポート　吉沢 寛郎

こぢんまりした和菓子は
4寸皿がちょうどいい。

こぢんまりとした佇まいの和菓子には、4寸サイズのお皿がちょうどいいです。湯呑とともに温かみのあるお盆にのせて、ほっこり時間を楽しみましょう。

▶白瓷棱花四寸皿　鈴木 まどか ／六角湯呑　石川 裕信 ／菱形棱花盆　落合 芝地

ガラスで"涼しさ"をお届け。

アイスクリームやジェラードなどの冷菓は、ガラスコンポートで涼しさをお届け。もちろんフルーツやプリン・ア・ラ・モードなどいろいろなデザートにも使えます。

▶モールコンポート（スモーク）　三浦 侑子 ／透かしスプーン　三輪 周太郎

角皿で"画になる"スイーツに。

シンプルな見た目のチーズケーキには、額縁のようなリムが印象的な角皿を用いました。スペースに余裕のある角皿は、フルーツや生クリームなどを添える際におすすめです。

▶額縁皿　吉沢 寛郎 ／透かしフォーク　三輪 周太郎

蓋椀でワクワク感も味わう。

中国茶などによく使われる蓋椀（がいわん）にみつ豆を。ふたを開けるときのワクワク感も楽しめるうつわ使いです。ユリの輪花がいっそう気持ちを高揚させます。

▶Lily 蓋椀（黒・銀）　木下 和美 ／黒稜花銀彩カップ（四葉・五葉）東 一仁 ／鍛鉄スプーン（stainless）　鍛鉄工房ZEST ／コラボガラスポット　森谷 和輝（ガラス部分）・中根 嶺（真鍮取手部分）

「主菜」のうつわ使い。

夕食の顔となる主菜。普段のおかずでもうつわによってレストランのメインディッシュのような豪華さを演出できます。主菜を美味しそうに見せるには、盛り過ぎを避け、付け合わせで彩りを添えることを考え、大きさに余裕のある7寸以上の皿を選びましょう。

▌にぎやかな絵付け皿で魚料理を引き立てる。

鯛の酒蒸し餡かけは汁気があるので、やや深さのあるうつわをチョイス。魚の切り身など淡白に映りがちな食材は、装飾や形が個性的な、例えば写真のようににぎやかな絵付けなど表情がある皿がおすすめです。

▶安南手 リム深皿　市野 吉記／青
白磁稜花蓮華　竹下 努 ／拭漆五角
著（黒）　蝶野 秀紀

主菜を際立たせるため
添えのうつわはシンプルに。

タンドリーチキンを、可憐なデザインの
輪花皿に。主菜の皿があるうつわ合わ
せのポイントは、添えはシンプルなもの
を用い、主菜の存在感を際立たせるこ
とです。

▶キュノアール 八角輪花　**内山 太朗**／リム取
り皿　su-nao home／スープボウル　**マルヤ
マウエア**

メインディッシュの王様に
負けない存在感の皿を。

メインディッシュの王様、牛ステーキは、洋
風プレートが王道。洋食屋然とした白の丸
皿ではなく、あえて色や形が個性的なうつ
わを選ぶのもいいでしょう。写真では、赤ワ
インソースとの対比が美しい水色の幅広リ
ムが目を引くプレートを使いました。

▶シアン ディナープレート　**原稔**

板皿でフライの格も上がる。

和食では天ぷらに板皿を用いることが
ありますが、洋食の揚げもの、フライに
も板皿を使ってみませんか。炭火焼締
めによる黒のマットな質感の板皿を使
うと、よくあるエビフライも格が上が
ります。

▶陶板（大）　**石川 裕信**／耐熱ココット　**石渡
磨美**

Chapter 5

お気に入りがきっと見つかる！

作家で楽しむ
うつわ使い。

うつわには、お気に入りの作家に出会い、

その作家の作品を集める、という楽しみ方もあります。

それはまるで宝物を見つけ、集めるときのような高揚感。

即完売の大人気作家から新進気鋭の若手作家まで、

"作家御膳"を通してその魅力に迫ります。

素材、形、装飾、釉薬、技法──作家ごとに個性豊かなうつわの数々。

ぜひ、あなた好みのうつわ作家を見つけてください。

東 一仁　Kazuhito Azuma
木下 和美　Kazumi Kinoshita

ストーリーに思いを馳せたい
優美でモダンなデザイン。

メイン料理の「ズッキーニボード」をのせた板皿を中心に黒主体で統一。
プレートのトルコブルー、ティーカップと茶杯の見込みの銀彩をアクセントカラーに、
特別感のあるうつわ合わせにしました。

▶Lily tea cup・黒輪花板皿L・蕾 豆皿　木下 和美／ウンリュウ菓子皿・ウンリュウボールS・黒稜花銀彩茶杯　東 一仁

東一仁さんと木下和美さんはご夫婦で京都に工房を構え、作陶しています。マット黒、銀彩、トルコブルーなどをまとったデザイン性の高い作品の数々は、ちょっと特別な日に使いたい気持ちにさせられます。
作品を手掛けるときは、"ストーリー"を考えて

いるとのこと。そんなうつわに込められたストーリーを想像しながら使うのも楽しいかもしれません。
また、独創的なフォルムは、型を使わず、すべてろくろ成形によるものというから驚きです。

木下さんのティーポットと
カップは、特に人気のアイ
テム。黒釉と銀彩のコント
ラスト、繊細なエッジが優
美な佇まいを見せます。

マットな黒や銀彩、そしてターコイズブルーなどで色展開する、
東さんの「ウンリュウ」シリーズ。雲のような形がかわいらしい。

木下さんの「蕾」シリーズ。その名と形
にならって、花器として楽しむのもよい。

Profile

東 一仁

1974年　大阪府生まれ
1996年　京都精華大学美術学部造形学科陶芸専攻卒業
2003年　京都府立陶工高等技術専門校成形科修了
2007年　第36回日本伝統工芸近畿展入選

木下 和美

1971年　京都府生まれ
会社に就職し、2年で退社後、インド放浪生活。25歳で
たまたま陶芸の学校に入学。京都市工業試験場卒業。
京都府立陶工高等技術専門校研究科卒業

石渡 磨美 Mami Ishiwata

料理を引き立てる。
まるで上等な"額縁"のように。

チーズフォンデュに用いたカスエラ（スペインの伝統的な鍋）は、
直火にかけられるのでアヒージョなどにも使えます。
耐熱のスープカップにはバケットを。
本来の用途に縛られず、普段使いもできるデザインがうれしいです。

▶耐火カスエラ（黒錆）・ウォーマー（茶）・耐熱スープカップ（黒錆）・耐火オーバルパン L（白）

料理を絵画に例えるなら、私のうつわは主役を
引き立てるための額縁であってもらいたい——
こう語る石渡磨美さんの作品は、使い込むほど
に貫入に色が入ったり、釉薬に深みが増したり
と、経年変化を楽しめるのが魅力。アンティー
クのような風合いを愛でながら、暮らしのなか
で気兼ねなく、長年使えます。
また、石渡さん自身が料理好きの目線から手が
ける、美しさと機能性を兼ね備えた耐火・耐熱
うつわも人気があります。

石渡さんの耐熱うつわには、さまざまなバリエーションがあります。耐熱用としてだけではなく、普通のうつわとして使っても映えます。写真は、オーバルパンで焼きたてのりんごのクラフティ。

愛らしい土鍋は人気のうつわ。土鍋で炊いたご飯を食べると、もう炊飯器には戻れません。熱伝導性が高いので、短時間で炊けるのもメリット。

Profile

1973年　大分県佐伯市生まれ
1979年　兵庫県神戸市に移住。以後成人まで神戸で過ごす
1998年　会社勤めの傍ら陶芸と出会う
2008年　東京都武蔵野市の「陶芸教室むさしの」勤務
2011年　神奈川県鎌倉市「ゲストハウス亀時間」へのうつわ提供を
　　　　機に、受注生産にてオーダーメイドのうつわ制作を開始
2019年　東京都武蔵野市より兵庫県神戸市に戻り、山の中に工房を
　　　　構え作陶

市野 吉記 Yoshiki Ichino

異国情緒がどことなくノスタルジック。
どんな国籍の料理にも。

しずく型が特徴的な鉢にバターチキンカレー、小皿にごぼうサラダ、
小鉢に見立てたお匙にオリーブのオイル漬けを。
東洋と西洋、両方の雰囲気をまとった安南手のうつわは、どのジャンルの料理も優しく包み込みます。

▶安南手しずく鉢・いろ安南匙・安南手八角小皿

使いやすさ、洗いやすさ、収納のしやすさを考え、うつわのサイズ感にこだわりを持つ市野吉記さん。「安南手（あんなんで）」や「シノワズリ」などのシリーズを手掛けています。
安南手はベトナムの焼き物技法で、呉須（青色の染料）で描かれた滲みのある絵付けの美しさが特徴。シノワズリは中国趣味の美術様式の意で、花や動物などの絵付けが愛らしいです。いずれも料理の国籍を選ばない、どことなくノスタルジックな異国情緒をまとった"和"のうつわです。

少し滲んで見える呉須の絵が味わい深い、ソリッド感のある安南手八角長皿。さば寿司も特別な一品に仕立て上げます。

安南手楕円皿を〝和ンプレート〟使い。技法は異国のものですが、もちろん和の料理との相性もバッチリです。

「シノワズリ」シリーズは、市野さんが絵柄のデザインを考案し、市野さんご本人と専従の絵付け師の分業により完成されます。リムにあしらわれたうさぎと花の絵に心躍ります。

Profile

1968年　兵庫県丹波篠山市生まれ
1988年　嵯峨美術短期大学卒業
1991年　京都府立陶工高等技術専門校修了
現在、兵庫県丹波篠山市にて制作

岡 悠 　Yu Oka

竹を編む。美しさを編む。
使うほどに愛おしくなる。

伝統的な浮菊文様のふたが印象的なお弁当箱で、おにぎりランチボックス。
竹籠作りは、竹を割ってへぎ（薄く削りとり）、竹ひごを作るところから始まりますが、
岡さんはそれらの工程すべてを一人でこなします。

▶お弁当箱 浮菊模様蓋

岡悠さんは、伝統技法を継承しつつ、実用的で見た目にも華がある日用品を制作している竹細工作家です。自然素材ならではの質感と、無限ともいえる編み目の組み合わせが織りなす美しさに魅了されます。

竹製品は、日々使うことで水分や油分が与えられ長持ちします。すてきな竹細工だからといってしまいこまず、どんどん日常使いして色合いの変化なども楽しみましょう。きっと愛着の湧く一品となることでしょう。

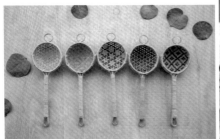

人気商品のひとつである茶漉し。編み方によって表情もいろいろ。
使い込むほどに色が変化し、身近な生活の道具として愛着の湧く品です。

交差花刺し六ツ目楕円
皿とパン籠。おにぎり
やちょっとしたおかず
などをのせるうつわと
しても使用できます。

竹の色、竹ひごの幅、編み方な
どいろんな要素によって、同じ
ざるでも個性が際立ちます。

Profile

1983年　北海道札幌市生まれ
2004年　京都伝統工芸専門学校（現・大学校）竹工芸科入学
2006年　同学校卒業後、石田竹美斎氏に5年間師事し、竹工芸の技術を学ぶ
2014年　4月「ユウノ竹工房」として竹の魅力を伝えるために活動を始める

小澤 基晴 Motoharu Ozawa

さりげなくも唯一無二。
その美しさは、暮らしに寄り添う。

7寸皿にはルーロー飯、スープカップには白菜のスープ、豆皿にはかぼちゃのサラダ。
色とりどりのうつわ合わせで食卓を華やかに。
輪花皿は特に人気が高く、SNSでも「#輪花三姉妹」などのハッシュタグ付きでアップされるほど。
▶ゆかり7寸ワイドリム・淡黄スープカップ・すみれ輪花豆皿

アースカラーのブロンズや、生成りのような風合いの粉引、グリーンやイエロー、ブルー、パープルなどカラフルながら落ち着いたディープトーンのうつわ——全国区の人気作家である小澤基晴さんの作品は、さり気なくも唯一無二の美しさ。

「大切な人と二人きりで、仲間たちと賑やかに、日々の食卓に、少しだけ特別な日に、いつも使ってもらえたら幸せです」と語る小澤さん。そんな普段の暮らしに寄り添ったものづくりの姿勢に、ファンが多いのもうなずけます。

まずはじめに色合いとネーミングのイメージがあり、そこから試行錯誤して作り上げたという「すみれ」（左）と「ゆかり」（右）。落ち着いたトーンの中間色と微妙なテクスチャが美しく、両者の組み合わせで使いたいお皿です。

ファンの間で「ぐるぐる」の愛称で親しまれているブロンズしのぎ8寸浅鉢（左）と、ブロンズしのぎ7寸皿（右）。旬の野菜など、鮮やかな色の食材がよく映えます。

粉引のふた付き小丼にマグロの漬け茶漬けを。表面に線を刻み、白泥を掛け、拭き取ることでうっすら模様を浮き上がらせるという手間のかかる技法を用いているそう。

Profile

1974年　東京都生まれ
2002年　多治見工業陶磁科学芸術
　　　　科修了
　　　　製陶会社勤務
2005年　岐阜県多治見市に築窯
　　　　神奈川県鎌倉市にて初個展
2007年　現在地に工房移転
　　　　岐阜県土岐市にて制作

マサチロ雑貨店さんとのコラボレーション作品「輪花箸置き」。カラフルで愛らしい逸品。

落合 芝地　Shibaji Ochiai
やの さちこ　Sachiko Yano

繊細で丹念な手仕事が
木と漆に気品を与える。

落合さん作の輪花盆と、やのさん作の蓋付きお碗の組み合わせ。
カンナ跡を残した手彫りの風合いが印象的なお盆と、
落ち着いたブルーグレーの色合いのお椀が、互いを引き立て合います。

▶菊高蒔絵仙才型吸物椀（外：一閑塗り・内：真塗り）　やの さちこ／輪花盆　落合 芝地

落合芝地さんは木工作家、やのさちこさんは漆作家と、ご夫婦でものづくりに携わっています。一枚板からノミやカンナで削り出す「刳物（くりもの）」と呼ばれる技法を用いて作られる落合さんのお盆は、その変化のある形や表情が見どころ。

やのさんの漆器は、草花や動物など繊細で愛らしい絵付けはもちろんのこと、落ち着いたグレイッシュな色合いも魅力的。
使ってくれる人への感謝の思いが強いお二人の作品は、温もりと気品に溢れています。

黒の引き締まった質感、流れるような曲線が雅やかな落合さんの「花十字盆」。やのさんの漆器との相性もしっくりくる。

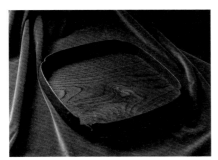

落合さん作の「胴張入隅盆」。木の節や割れ目などもデザインとしてそのまま生かすのが落合流。

やのさんの作品のなかでも特に人気の高い「紅白菊漆絵れんげ」。気品とかわいらしさが感じられる。

Profile

落合 芝地

1975年　京都府京都市生まれ
2000年　京都市伝統産業技術者研修漆工本科　修了
2001年　京都樹輪舎木工塾にて木工の基礎を学ぶ
2008年　滋賀県朽木に工房開設
2012年　滋賀県大津市南小松に工房移転

やの さちこ

1978年　大阪市生まれ
1996年　大阪市立工芸高校デザイン科卒業
1999年　京都伝統工芸専門校漆科修了
2001年　京都市伝統産業技術後継者育成研修漆工本科、専科修了
2001年　漆芸家服部俊昇氏に師事
2007年　独立
現在、滋賀県大津市の自宅工房にて制作

黒木 泰等 Taira Kuroki

手に取り、口をつける。
そして感じる軽やかさ、品の良さ。

ニュアンスのあるデザインのプレートに2種類のオープンサンドを。
重ね使いの「すずらん豆鉢」は高田志保さんとのコラボ作品。
その愛らしい形から人気の高いうつわです。

▶白釉ギザギザプレートφ25・白釉すずらん豆鉢・炭入ずらん豆鉢（高田志保さんとのコラボ）・炭入マグカップ（高田志保）

黒木泰等さんは、同じく陶芸作家である高田志保さんと京都府亀岡市で作陶を行っています。
黒木さんの作品は、一言でいえば「上品」。ろくろ成形後の外側の削りを少なくすることによる形の美しさや、白釉や黒釉、織部釉といった釉薬の表情など見た目もさることながら、手に取ったときの軽やかさ、縁の口当たりのよさにも品を感じられます。
料理映えすることからプロの料理人のファンも多いですが、小鉢や中鉢などのラインアップも豊富なので家庭の食卓でも活躍します。

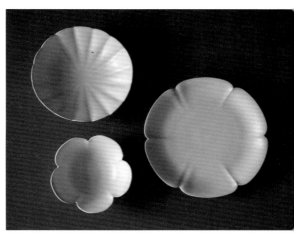

黒木さんの代表的な釉薬でもある織部釉。ノーブ
ルな深い緑が料理を引き立ててくれます。

白釉のうつわは、花の形をしたものも多く見受けられます。清廉なか
わいさが魅力的。

台皿は一見"和"の雰囲気ですが、同系色の食材を使っ
てカラーリングを楽しめば、すっかり"洋"の趣きに。

黒釉のうつわはキリッとした力強さがあります。リムの形に特
徴のあるデザインは、家庭料理も品よく見せます。

Profile

1981年　京都府亀岡市生まれ
2002年　京都府立陶工高等技術専門校成形科修了
2003年　同校研究科修了・原口卓士氏に師事
2006年　京都府亀岡市にて独立

中里 博彦 Hirohiko Nakazato
中里 博恒 Hirotsune Nakazato

曇りなき磁器の白さに
薄さと絵付けの美しさが際立つ。

"繁栄・長寿"の意味があり、縁起がいいとされる「蛸唐草」模様のうつわに、
ナスのトマトソースパスタを盛り付けました。
伝統的な文様ながらエメラルドグリーンの色合いがモダンなので、洋食ともマッチします。

▶色絵蛸唐草リム皿・染付スープカップ・染付小鉢

中里博彦さん・博恒さんは双子の兄弟で、有田焼の産地で知られる佐賀県の有田町に工房を構えています。弟の博恒さんが成形を、兄の博彦さんが絵付けを担うというスタイルで制作。1400年続く三川内（みかわち）焼の伝統技術を継承しながら、天草陶石を使った磁器を多く手掛けています。天草陶石の曇りなき白さに、薄づくりの形、そして繊細で凛とした絵付けの美しさが際立ちます。
中里兄弟のうつわは、伝統的でありながらモダンでもあり、磁器の魅力を存分に感じられます。

依子さんの花小紋（左）の一面に描かれた絵は、上等な着物のような趣き。稔さんの「ウインターリース」（右）は、冬限定の季節もの。どちらも眺めるだけで顔がほころぶかわいさです。

花小紋の楕円小鉢には、内も外もびっしりと絵が描かれています。依子さんの「うつわを楽しんでもらいたい」という思いが伝わります。

三島の技法で金彩を施し、鶴が描かれた稔さん作の「鶴」シリーズの小皿。ハレの日にぴったりのうつわです。

UTSUWA KESHIKIでの展示会用に作られた、夫婦合作の「コラボ蓋物」。稔さんの「鶴」「金彩三島」と、依子さんの「花小紋」の両方が描かれた贅沢な作品。

Profile

原 稔
1971年　京都府京都市生まれ
1990年　京都府立陶工高等技術専門校成形科卒業
　　　　同年、父・原清和に師事
2015年　二代目原清和襲名。受賞歴多数

原 依子
1969年　京都府京都市生まれ
　　　　結婚、出産後に京都府立陶工高等技術専門校
　　　　図案科で絵付けを学ぶ
2009年　京焼・清水焼展経済産業大臣賞受賞　他受賞
　　　　歴多数

三浦 侑子 Yuko Miura

"命"を吹き込まれたガラスは
食卓に落ちる影もが美しい。

メインプレートにジェノベーゼの冷製カッペリーニ、
中鉢に冷製ポタージュなど、夏に涼を感じられるうつわ合わせ。
ほんのりスモーキーなガラスの色合いもまたおしゃれです。

▶リム皿L（スモーク）・ナナメモール小皿（スモーク）・隅入豆鉢（スモーク）・中鉢（クリア）

三浦侑子さんは、ガラスに息と"命"を吹き込む
ガラス作家です。吹きガラスによる作品は透明
度が高く、光の反射による輝きのみならず、食
卓に落ちる影もが美しいものばかり。技巧が凝
らされたフォルムは、ガラス器でありながら柔

らかく、温かみのある表情を見せます。
ガラス器は、冷菓や冷製料理を盛り付け、夏場
に涼感を与えるのにぴったりのうつわ。しかし、
三浦さんの作品は、ほかのうつわとも合わせや
すく、季節を問わず使いたくなります。

ガラスの楕円皿にタコのカルパッチョを盛り付け。何気ない料理もガラスのうつわだと特別感があります。

ガラスの皿で和ンプレート料理。ほどよい厚みと美しい透明感で、和洋を問わずいろいろな料理を包み込みます。

「氷コップ」と名付けられたコンポートですが、かき氷だけではなくデザート全般に活躍します。

三浦さん作によるガラスのうつわは、その形、輝きだけでなく、光を通した影も愛でたい逸品です。

Profile

1982年大阪府生まれ。
富山ガラス造形研究所造形科にてガラスの基礎知識を学ぶ。磐田市新造形創造館（静岡県）ガラス工房スタッフとして5年勤務。現在、自宅工房にて制作。

薮本 寛之　Hiroyuki Yabumoto

自然の風合いと
独創的な模様が奏でるハーモニー。

泥土のようなテクスチャが温もりを感じさせるどら鉢は“一器多用”、
実にいろいろな使い方ができます。
花三島の小皿、リムに鱗模様の豆皿と、一見個性的なうつわ合わせですが、
“薮本色”によってバランスよくまとまって見えます。

▶泥彩銅鑼鉢6寸（泥彩）・花三島皿5寸・鱗豆皿

薮本寛之さんのうつわは、原土や天然の灰など
を使用した自然由来の色味、質感と、独創的な
模様との調和が魅力です。作品に冠された「ア
ワ」「鱗」「パッチワーク」「雪」といった作品名に
は、その情景に思いを馳せる楽しさがあります。

また、薮本さんは三島手など昔ながらの技法に
も力を入れています。皿の一面に細やかな花模
様が広がる「花三島」も人気作のひとつ。素朴
さと華やかさを兼ね備えたうつわは、まさに“一
器多用”、自由に使いたいものです。

オリジナリティ溢れるさ
まざまなデザインのマグ
カップ。思わずコレクショ
ンしたくなります。

伝統技法による花三島の皿は華
やかでありながら、決して派手
すぎず、素朴な風合いで人気。

リムの模様が特徴的な「パッチワーク」(上)と「アワ」(下)の皿。
組み合わせて使うのも楽しいです。

Profile

1983年　大阪府大阪市生まれ
2002年　龍谷大学で陶芸と出会う
2006年　龍谷大学社会学部卒業
2009年　奈良県で器の製作を始める
以降、各地で個展やグループ展を開催

和田山 真央 Masahiro Wadayama

"景 七：渡り 三"で使いたい、
心揺さぶる釉薬の表情。

板皿にご飯とおかずをまとめ、品のよい和御膳に。
「和田山ブルー」とも称されるトルコブルーのうつわが、ひときわ目を引くアクセントとなります。
表情や彩りはそれぞれ違えど、どこか温もりのある磁器土の質感が調和をもたらします。
▶RITA長皿・藍流しコンポート・藍流しトルコブルー朝顔鉢 S・GALAXY 深鉢 S

和田山真央さんは、きめ細かい独特の質感の「磁器土」を用い、使いやすくストレスフリーなうつわを作ることを心がけています。
また、鮮やかなの碧（あお）の「藍流しトルコブルー」、星空のようなきらびやかさの

「Galaxy」、無垢な白の「ボクノココロ」などの作品には、心を揺さぶる"エモさ"があります。茶道の精神になぞらえれば、「景（見た目）七：渡り（実用性）三」の割合で、作品の表情を生かした使い方をしたいうつわです。

和田山さんの代表的な釉薬である「藍流しトルコブルー」。深く澄んだ海のような碧が美しい。

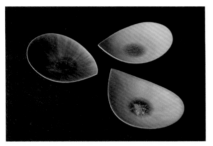

左から時計回りに、「いちじく流しトルコブルー」「来週プール開き」「黄流し」。カラフルな釉薬が、食卓に彩りを添えます。

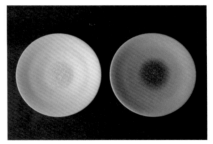

「ボクノココロ」(左)と、「ガラスピンク」(右)。無垢な白、淡いピンクに磁気土の質感が相まって温もりが感じられます。

朝顔が咲いたような佇まいの「いちじく流し」。緑の野菜がよく映えるうつわです。

Profile

1985年　大阪府生まれ
2008年　米国・サウスダコタ州立大学卒業
2009年　昼馬和代に師事
2019年　和歌山県和歌山市加太に移住
第16回新美工芸会展 "讀賣テレビ賞"、京都・工芸ビエンナーレ、日本陶芸展、第3回萩大賞展、第23回日本陶芸展、第6回菊池ビエンナーレ、第9回菊池ビエンナーレなど入選・受賞歴多数

Appendix
うつわの
きほん

うつわをそろえたり、合わせたりする前に、
まずは知っておきたい素材やサイズ、
各部名称、形、釉薬、装飾、メンテナンス方法など、
うつわについての基本を解説します。
うつわ入門者はぜひ一読ください。

本章は、『選ぶ。そろえる。合わせる。 うつわ使いがもっと楽しくなる本』の
「Chapter 1 うつわのきほん」の再録となります。

素材

うつわの素材はさまざま。

それぞれ特性があり、質感など見た目にも違いがあります。

それらを知ったうえで、うつわを使い分けましょう。

陶器

│自然に採れる土（主に粘土）が主な原料で、「土もの」とも呼ばれます。
│信楽、備前、益子などが産地として知られています。

☐ 土のぬくもりが感じられ、
　素朴で温かみがある質感。

☐ 水を吸いやすい
　（釉薬で耐吸水性を高めている）。

☐ 厚手だが、
　磁器に比べると割れやすい。

☐ 熱が伝わりにくく、冷めにくい。

☐ 経年変化が楽しめる。

磁器

│陶石と呼ばれる岩石が主な原料で、「石もの」とも呼ばれます。
│瀬戸、九谷、有田などが産地として知られています。

☐ 硬質でガラスのように
　なめらかな質感。

☐ 水を吸いにくく、
　色やにおいが染み込まない。

☐ 薄手で軽いが、
　陶器に比べると丈夫。

☐ 熱が伝わりやすく、冷めやすい。

☐ 色鮮やかな絵付けが
　施されているものも多い。

半磁器 (炻器)

土と石を合わせた原料で作られ、陶器の風合いと磁器の強度を併せ持ちます。

- [ ] 陶器に比べると水を吸いにくく、色やにおいが染み込まない。
- [ ] 電子レンジや食洗機などでも使えるものが多い。

漆器

落葉高木の漆 (うるし) から採れる樹液を加工し、木地などに塗り重ねたうつわ。海外で「Japan」とも呼ばれるなど、日本を代表する工芸品です。

- [ ] 熱が伝わりにくく、冷めにくい。
- [ ] 水を吸いにくく、色やにおいが染み込まない。
- [ ] 軽いが、丈夫で割れにくい。
- [ ] 防腐性、抗菌性に優れる。
- [ ] 艶があり見た目に美しい。

木工

木材を彫り削って形作ります。材料となる樹木の種類によって、風合いや、硬さなどの性質が変わります。

- [ ] 熱が伝わりにくい。
- [ ] 水を吸いやすく、においが染み込みやすい。
- [ ] 軽い。
- [ ] 天然素材のぬくもりを感じられる質感。

ガラス

石を細かく砕いた珪砂 (けいさ) と、草木を燃やしてできるソーダ灰に石灰を組み合わせ、高温で溶かして形成します。

- [ ] 熱が伝わりにくい。
- [ ] 水を吸いにくく、色やにおいが染み込まない。
- [ ] 極端な熱の変化に弱く、割れやすい。
- [ ] 透明でなめらかな質感。

サイズ

和食器（主に丸皿の場合）では、大きさを「寸」で表
します。1寸はおよそ3cm。例えば5寸皿は、直
径が15cm程度の大きさの皿となります。

※写真はほぼ実寸です。

大皿 9寸（約27cm）

大皿 8寸（約24cm）

中皿 7寸（約21cm）

中皿 6寸（約18cm）

小皿 5寸（約15cm）

小皿 4寸（約12cm）

豆皿 3寸（約9cm）

大勢に取り分ける大皿料理はもちろん、お鍋の具を盛るときなどにも使えます。

3～4人分の主菜の盛り付けや、ワンプレート用としても適しています。

1人分の主菜用として活躍。パスタや、深さがあればカレーライスなどにも使えます。

取り皿としておすすめのサイズです。サラダや食パンをのせても◎

小さめの取り皿として、あるいはケーキなどをのせてもちょうどいいサイズ感。

おひたしなどの副菜や、ちょっとしたお菓子や果物に使えるサイズです。

醤油を入れたり、薬味や香の物をのせたりと、いろいろ1回に使うのが嬉しできます。

うつわ
の
きほん

部位 の 名前

人の身体の「頭」「胴」「足」などと同じように、
鉢や皿の各部位にも名前があります。
ここでは、うつわを入手するときに知っておくと役に立つ、
基本的な部位の名前を紹介します。

口・口縁（こうえん）・口辺り（くちべり）

うつわの縁の部分。皿の場合は「リム」とも呼びます。
直接口をつけるうつわの場合は、この部分の形や厚み
によって口あたりが変わります。

胴（どう）

口縁の下から腰ま
での部分。平たい
皿には胴や腰という
部位はありません。

腰（こし）

胴から高台脇までの部分。腰が張り
出していない形状の場合は、胴と腰
の区別がつきにくいこともあります。

高台脇（こうだいわき）・
高台際（こうだいきわ）

うつわの腰から高台までの部分。
釉薬のかかり具合や削り方など
で作者の個性が出るため、高台と
併せてうつわの見どころのひとつ
ともいわれています。

縁付きの皿のことを「リム皿」、
縁の幅のことを「リム幅」といいます。

リムの幅やデザインによって、
お皿の表情が違ってきます。

グラタン皿などの持ち手部分は
「耳」と呼びます。

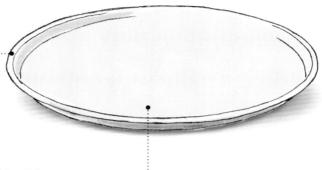

見込み（みこみ）

一般にうつわの内側全体を指しますが、茶碗や
鉢では内側の中央部分を指す場合もあります。

皿には高台があるものとないものが存
在します。大きな鉢や皿のなかには、安
定性を高めるために高台が二重になっ
ているものもあります。

皿に高めの高台が付くと
コンポートとなります。

畳付（たたみつき）
高台の接地部分。

高台（こうだい）
うつわの底に付いている
台。元来うつわの安定を
保つための部位ですが、入
れたものの熱を直接伝え
ない役割もあります。

高台内（こうだいない）
高台の内側。

かたち

和食器には実にさまざまな形のものがあります。
盛り付ける料理や食材によって使い分けるのはもちろんのこと、
食卓に彩りを添えるため見た目で選ぶのもうつわの楽しみ方です。

皿・鉢

浅くて平たいうつわを「皿（プレート）」、皿より深くて碗より浅いう
つわを「鉢（ボウル）」と呼びます。ただ、両者に明確な線引きはなく、
作り手の意向などによって呼称が決められることがほとんどです。

角

「四方」と呼ばれる正方形や、
「長角」などの長方形のうつわがあります。

丸

なじみ深い正円のうつわ。
もっともオーソドックスな形といえるでしょう。

オーバル

卵形・長円形・楕円形の
うつわ全般の呼称です。
料理の盛り付けがしやすい形です。

多角形

シャープな雰囲気が特徴の
五角形、六角形、八角形などのうつわです。

縁付き
ふちつ

口縁に幅のある縁が付いている形状です。
「リム」とも呼ばれます。

輪花
りんか

口縁部に規則的な切込みを入れ、
菊や梅など花の花弁を模した形です。

稜花
りょうか

輪花と同様、
花の花弁を模した形ですが、
花びらの先が尖っています。

木瓜
もっこう

日本の家紋、
「木瓜」を
モチーフにした形です。

入り隅

隅切り
すみきり

角型のうつわの四隅を直線的に落とした形。
四隅が内側に食い込んだ「入り隅」もあります。

台皿

表面が平らで立ち上がっており、
台のように厚みのある皿です。

すり鉢

見込みにすり目が入った鉢です。
食材を棒ですりつぶすために使います。

どら鉢

底が平らで
口縁が立ち上がってる
浅めの鉢です。

椀・碗 ｜ ご飯や汁ものなどを入れる、深さのあるうつわです。手で持っても熱くないように、高台が付いています。

飯碗

ご飯を盛るための
うつわです。
茶碗とも呼ばれます。

汁椀

汁ものをよそううつわです。
木で作られたものを「椀」、
陶磁器を「碗」と書きます。

どんぶり

ご飯とおかずを合わせた、
いわゆる「丼もの」をよそううつ
わです。

ふた付き

料理が冷めづらいように
ふたを付けたうつわです。

カップ ｜ 飲みものや汁ものを入れるうつわです。

スープカップ

スープを入れるうつわ。
持ち手がないものや
耳付きのものは
スープボウルと呼ばれます。

フリーカップ

持ち手のないカップ。
飲みものだけでなく、
デザートや料理などにも使います。

マグカップ

持ち手付きの
大きめのカップです。

カップ＆ソーサー

持ち手付きのカップと
受け皿のセットです。

そば猪口（ちょこ）

元来そばつゆを入れるうつわですが、
湯呑みや小鉢代わりにも使われます。

茶器 | 日本茶を淹れたり、飲んだりするためのうつわです。

急須 （きゅうす）

持ち手と注ぎ口が付いた
お茶を淹れるためのうつわです。

湯呑み

湯呑み茶碗の略称。
縦長で筒型のお茶を飲むための
うつわです。

土瓶

上部につる（持ち手）が
付いたうつわ。
主に多人数に
お茶を淹れるときに用います。

くみ出し

口が広く浅めの茶碗で、
茶托にのせて出します。
主に来客用として用いられます。

湯冷まし

急須に入れる前に、
沸騰した湯の温度を下げるためのうつわです。

酒器 | お酒を注いだり、飲んだりするためのうつわです。

徳利 （とっくり）

首が細く、胴が膨らんだ、
酒を注ぐための容器です。

片口

片方に注ぎ口が付いた
うつわです。
そばつゆを入れたり水差しにも。

お猪口 （ちょこ）

お酒を一口で
飲み干せる程度の
小さめのうつわです。

盃 （さかずき）

お酒を飲むための
薄くて平たいうつわです。
祝いの席では漆器が使われます。

ぐい呑み

お酒を飲むための
大きめのうつわで、
厚手のものが多いです。

ゴブレット

ビールやワインなど
洋酒用の脚付きの
グラスやカップです。

釉薬

「ゆうやく」または「うわぐすり」と読みます。
素焼きの陶磁器の表面を覆うガラス質の被膜です。
耐久性・耐水性を高め、光沢や色などの釉調によって
見栄えをよくする役割があります。

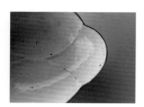

透明釉

素地の色をそのまま生かす、無色透明な釉薬。例えば白磁は、白い素地に透明釉をかけて高温で焼成します。

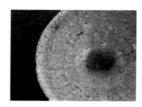

灰釉（はいぐすり・かいゆう）

樹木の灰を主原料とした伝統的な釉薬。天然灰の主成分はカルシウムで、樹木によって成分が異なり釉調も変わります。

マット釉

艶消しの釉薬。釉薬のなかの溶けきっていない成分が細かい結晶となることで、光沢のない見た目となります。

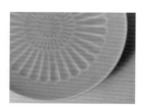

青磁釉（せいじゆう）

還元炎焼成※されると、わずかに含まれる鉄分によって青く発色する釉薬。鉄分が少ないと淡い青、多いと緑色となります。

瑠璃釉（るりゆう）

透明釉に酸化コバルトを加えて作る釉薬。瑠璃色と呼ばれる、宝石のような深みのある青色や紺色に発色します。

トルコ青釉

エジプトが起源といわれるアルカリ釉に銅を加えた釉薬。酸化炎焼成によって、鮮やかな青の発色となります。

織部釉（おりべゆう）

灰釉に酸化銅を加えた釉薬。銅緑釉とも呼ばれ、酸化炎焼成すると緑色に発色します。灰の種類によって色味が異なります。

飴釉（あめゆう）

透明釉に酸化鉄を混ぜて作る釉薬。飴のように艶のある質感。酸化炎焼成すると茶褐色、還元炎焼成で黒っぽくなります。

黒釉（こくゆう）

黒に発色する釉薬。写真の黒マット釉は、酸化炎焼成で艶消しの黒に、還元炎焼成でいぶし銀調になります。

※：陶磁器の焼き方には、酸素を十分に送り込んで完全燃焼させる「酸化炎焼成」、酸素が少ない状態で不完全燃焼させる「還元炎焼成」の2種類があります。

やってはいけないこと

 長時間のつけ置き

吸水性の高い陶器を洗い桶に長時間つけ置きすると、汚れを吸ってカビやしみの原因になってしまうことも。陶器だけでも先に洗うようにしましょう。

 かたいスポンジで洗う

かたいスポンジは、陶器や磁器には不向き。表面に傷をつけてしまったり、最悪その傷から破損してしまうこともありえます。

長く使うために

においがついたら…

水を張った鍋にうつわを入れて煮沸すると、においが取れることがあります。

油じみや色がついたら…

食器用漂白剤に浸してから洗います。頑固なしみは煮沸を試してみましょう。

欠けてしまったら…

微小な欠けであれば、尖っている部分を布ヤスリなどで滑らかにして使い続けましょう。

割れてしまったら…

割れた部分を漆で接着し、金などの金属粉で装飾して補修する「金継ぎ」という方法があります。金継ぎの専門店もありますが、自分で補修できる金継ぎセットも市販されています。

本書で紹介したうつわ作家（五十音順）

📷 instagram ✉ e-mail

東 一仁
📷 kazuhito__azuma

幾田 晴子
📷 ikuta_seiko

池田 大介
📷 daisukeikeda.potter

石川 裕信
📷 ishikawa_hironobu

石渡 磨美
📷 utsuwa365

市野 吉記
📷 kouho_gama

猪原 朱乃
📷 ayano_ihara

岩崎 翔
📷 iwakagu

内山 太朗
📷 taro7322

うつわ うたたね
📷 utsuwa.utatane

大井 寛史
📷 hiroshi_o_i

岡 悠
📷 younotakekobo

沖 誠
📷 makotooki1111

小澤 基晴
📷 ozawa_motoharu

落合 芝地
📷 shibajiochiai

加藤 祥孝
📷 yoshitaka__kato

紙上 征江
📷 meishinkoubou

木下 和美
📷 kazumi__kinoshita

黒木 泰等
📷 kuroki_taira

高塚 和則
📷 kazunorikoutsuka

光萌窯 中西 申幸
📷 shinko_nakanishi

小林 裕之・希
📷 kobayashi_glass_works

新里 竜子
📷 nantan_pottery

鈴木 まどか
📷 suzukimado

su-nao home
📷 sunaohome

須原 健夫
📷 yutacraft

高島 大樹
📷 daiki_takashima

高田 志保
📷 takadashiho

竹下 努
◎ tebucuro

竹俣 勇壱
◎ takemata_yuichi

田中 大喜
✉ cotan.dt@icloud.com

谷井 直人
◎ taniinaoto

鍛鉄工房 ZEST
◎ tantetuzest

蝶野 秀紀
◎ chono.hideki

中里 博恒
◎ hirotsune_nakazato

中里 博彦
◎ hcth7853

中根 嶺
◎ ren_nakane

額賀 円也
◎ enyanukaga

はしもと さちえ
◎ sachie_hashimoto

蓮尾 寧子
◎ shizukohasuo

原 稔
◎ hara_minoru

原 依子
◎ yorikohara

平岡 仁
◎ zin_hiraoka

古谷 浩一
◎ hirokazu_furutani

前田 麻美
◎ maedasami

増田 哲士
◎ stsmsd

松本 郁美
◎ ikumi.matsumoto

マルヤマウエア
◎ maruyamaware

三浦 侑子
◎ bambooglass_miura

三輪 周太郎
◎ miwashutaro

森谷 和輝
◎ liir1116

安福 由美子
◎ yumikoyasufuku

やの さちこ
◎ yanosachiko

薮本 寛之
◎ koubou.hibi

山本 雅則
◎ kouzangama

湯浅 ロベルト 淳
◎ roberto_jun_yuasa

吉沢 寛郎
◎ yoshihiro0913

和田山 真央
◎ masahirowadayama

【著者略歴】

安野久美子（Kumiko Yasuno）

手仕事によるうつわと食の道具を取り扱うギャラリー「UTSUWA KESHIKI」店主。うつわコーディネーター。モデル活動を経てデザイン事務所に勤務、グラフィック／エディトリアルデザインを手がける。独立後、ヘアサロンを開業。2018年5月、UTSUWA KESHIKIを東京・赤坂にオープン。

選ぶ。そろえる。合わせる。

うつわ使いがもっと楽しくなる本。《つづき》

2023年4月13日　初版第1刷発行

著　者 .... 安野久美子

発行者 .... 澤井聖一
発行所 .... 株式会社エクスナレッジ
　　　　　　　　　　〒106-0032　東京都港区六本木7-2-26
　　　　　　　　　　https://www.xknowledge.co.jp/

問合せ先
編集 .... TEL 03-3403-5898／FAX 03-3403-0582／info@xknowledge.co.jp
販売 .... TEL 03-3403-1321／FAX 03-3403-1829